삶의 담백함 이리 고울 줄

인문학 시인선 051

삶의 담백함 이리 고울 줄

조병훈 제3시집

제1쇄 인쇄 2025. 11. 20
제1쇄 발행 2025. 11. 30

지은이 조병훈
펴낸이 민윤식
펴낸곳 인문학사

등록번호 제 2023-000035
서울시 종로구 종로19(종로1가) 르메이에르빌딩 A동 1430호
전화 : 02-742-5218

ISBN 979-11-93485-48-4 (03810)

ⓒ조병훈, 2025
Printed in Seoul, Korea

*잘못 만들어진 책은 본사나 구입하신 서점에서 교환하여 드립니다.
*이 책은 저작권법에 의해 보호받는 저작물이므로 저작자와
 출판사의 서면동의 없이는 무단 전재와 무단복제를 금합니다.

인문학 시인선 051

조병훈 제3시집
삶의 담백함 이리 고울 줄

인문학사

시인의 말

시

색채를 꾸린다.

노랗게 물들였다가

녹색 연줄을 띄우고

더러는 붉은 석양에 서 본다.

2025년 가을에

조병훈

contents

시인의 말 005

제1부

삶의 담백함 이리 고울 줄 012
풀벌레 013
손바닥에서 물구나무서기 014
푸조나무 015
되돌아보는 뒤안길, 캔버스에 나를 적는다 016
붓 017
세수 018
세수 숭어리 019
회상 020
MOMENT 021
어금니를 보낸다 022
나의 봄 023
가을빛 물들다 024
옥천은 나를 향해 025
동천에, 가마우지 몸 담궈 헤엄친다 026

제2부

하루가 곱다 *028*
이런 노랫가락 하나쯤 *029*
시내버스 내릴 때 기사는 늙으신 어머니를 생각한다 *030*
너島 나島 *031*
신호등 *032*
사람 *033*
사랑하며 살기를 *034*
비 님 내게로 와 *035*
비 내리는 창가에 앉아 *036*
너 얼굴 바라보며 *037*
흔들리는 손, 애달프다 *038*
아버지의 초상 *039*

제3부

봄 찾기 　042

얼음 　043

봄 　044

소녀 　045

기다림, 지우개의 눈물 　046

여름 파스텔 　047

여름의 음표 　048

명맥 　049

카오스, 코스모스의 뜰 　050

아 가을인가 봐 　051

가을 사내 　052

가을 문 　053

고향을 뜯고 　054

사운드에 숨어 사는 사진 　055

한 해 보내려니 그런 걸까 　056

가을이 숨는다 　057

흐르는 땀도 쉬게 하려나, 가을은 　058

늦가을 언저리에 　059

내가 서 있다 　060

어미, 나는 어미다 　061

제4부

설핏, 유년의 기억 저 너머 064
흐르는 시간 위에 누워 065
어미 066
바다 여행 067
비의 연가 068
La Joelle cafe 069
말벌의 하루가 오고 070
그릇 071
라오스 아이들 꿈이 핀다 072
어느 날 073
주일학교, 새김이여 074
이삿짐을 싸다 075
부활절이 올 때마다 076

평설
시적 사유의 삶과 유기체적 생명 시학/허형만 079

제1부

삶의 담백함 이리 고울 줄

꽃 피듯 살아온 인생
꽃 지듯 살다 갈 인생

그 속에서 때론
눈망울도 보고
작은 한 알 포도도 따 먹고
겨울 지나, 봄 나비도 만났다

고운 실 한 땀 한 땀 수놓은
천 위의 삶

풀벌레

풀벌레 노래 들으며
잠을 청한다
수많은 나날들
풀벌레 외침만큼
숨을 쉬며 살아왔다
숨 쉬는 틈바구니마다
생이 꿈틀거리며 춤을 춘다

바람을 일으키며 웃고
흐르는 삶의 골짜기에
맑은 물 흐르고
때론 흙탕물로 덮고
다정스러운 눈물도
냇물로 흘러와
풀벌레의 노랫가락이 되고
뜨거운 눈물이 된다

검은빛 하늘 새벽 노래
내게 안기기까지
풀벌레들 풀피리 합창
내 마음을 실어
삶의 수레바퀴 돌리는
풀벌레의 응원

손바닥에서 물구나무서기

손바닥 편다

주름살도 없고
또렷한 금만 웃고
말이 없구나
머리와 가슴을 이어
하라는 것 묵묵히 하네 그려

뜨거운 냄비 손잡이 어떻게든 잡아내고
얼음도 나를 위해 서슴지 않고
배고파하는 내 배 채우고
모든 기쁨 슬픔 가려움
비 오면 오는 대로 눈 오면 오는 대로
농삿일 할 때 하는 대로
볼 수 있는 눈 없어도

날 따라 이유 없이 살아준
수를 헤아릴 수 없는
수많은 날들
손바닥 안에 숨어 있는 나

푸조나무

스물둘 화음이 일제히 밖으로 쏠려
가로로 긴 창밖 멀리
오래된 순천부 읍성 푸조나무
푸른 나뭇잎 춤추게 한다

소프라노 음의 이탈, 그때였다
싱그러운 연초록 얼굴
새의 날개 타고
내게로 달려온다
봄, 여름, 가을, 겨울
가슴 저미며 오가던 사람들과 나눈
계절의 뒤안길을 안고 온다

나 이렇게 사계, 오백 년 살아 왔음에
올봄도 그대 하늘 향해
두 팔 벌리는가
합창의 노래
등 토닥거리기를 여러 번

지문 속 나무의 숨결에
우리들
숨어들고 있었다

되돌아보는 뒤안길, 캔버스에 나를 적는다

텅 빈, 공기만 맴도는
작업실 홀로 앉아
천장 형광빛만
서로 의지하며
어두움 몰아낸다

작업실 허공
유유히 떠도는
구름 잡아 앉히며
선 그으면
색깔들 춤춘다

마주 보며 웃는다
때론
흐르는 눈물
고독한 삶이 뮤지컬로 되살아난다

허공, 하얀 캔버스에
나를 그리고
너를 색으로 우려낼 때

나를 찾아가는 길
그림 속 이야기를 쓴다

붓

햇살 고옵게 삼킨

가을 길을 거닐며

채색하는 억새밭

들녘 풀잎들 사각거림

오솔길 위에서 오려낸

붉은 음표의 어울림

철새들을 불러와

파란 화지에 나르는

짙은 일곱 빛

세수 世數

자전거 그림자 두 바퀴
동으로 길게 늘어뜨리며
실려간다

때로는 끌고 갔다
더러는 타고 갔다

이제는
그림자 동무 삼아
함께 걷노라면
서산 넘는 해를 볼 수 있다

세수 숭어리

연둣빛 숭어리
물이 차오르며
어두운 초록
햇살로 연둣빛 숨을 쉰다

내 가슴속에 각인된 얼굴
벌써 땀이 번져
여름으로 영글어 가는 걸음
허수아비처럼 서 있다

봄날
손가락 꼽아 수 셈을 한다
열 손가락이 모자라
또 꼽고 꼽아 뺄셈해보지만
유년 시절 연둣빛이
한꺼번에 몰려나와
저요, 저요, 손 높이 올린다

숭어리 세수 세기 어렵네
아니
외면하는 시간의 굴레
손등 주름이 거부하는 눈빛
나이테가 자꾸 늘어간다

회상

한낮 햇살이
가지 넝쿨로 뻗어간
골목을 찾아 나선다
계절을 부르는 바람
따뜻한 손 마주 잡고
춤추던 백합 향이
뿜어낸 뜨거운 숨비소리
방향 감각을 상실한 나비의 비행처럼
공간을 서성거리다
저녁노을 끝을 잡고 잠든다

MOMENT

말이 걷는다
노래 속 심장의 춤

그대 손길
헝클어진 실타래 풀어
환한 가슴 연다

긴 숨 쉬고 나면
다시 세상이 달려와
세상 멀리 뛰기가 비로소
시작되었다

어금니를 보낸다

일흔다섯 해
쉼 없이 나를 먹여준
어금니 둘
이제 버거워한다

갈아낼 힘이 없어
이 사이로 흘러 보낸다
함께 가고픈데

나의 분신 너를
이젠 떠나보내야 한다
가슴 아린 이별곡
좋은 곳에서 쉬기를
남은 친구들 그대들도
곧 가겠네, 그려

남은 이들
가만히 어루만진다
세월 보자기를 묶는다

나의 봄

수채화 물감 칠하며
봄물로 흐른다

동천
흐드러진
수양버들 우듬지 앉아 있다
비처럼 내린다

방긋 미소 짓는
벗님들 만나
화사한 얼굴로 피어난다

수양버들 벗 그 님들도 있다고
생로
병사
희노
애락

수채화 물감이
봄 이야기 펼친다

가을빛 물들다

옥천 산기슭 오두막
새소리 모아
YWCA 음악 교실로 부르면
창 넘어 들어와 함께 춤을 춘다
가을 노래 한 가락
산기슭에 한 줌 훅 뿌리면
우르르 오두막집들
가을 눈망울로 취한다

가을 눈은 산동네를
느리게 걷고
샛노란 은행잎으로
온 마당 붓질을 시작한다

연인들의 발자국이
골목에서 가느란 목소리로
산기슭 숲길 오가며
가을 속으로 숨는다

옥천은 나를 향해

옥천 개울가
벤치가 앉아 있다
그늘 아래 즐기고 있을 때
바람, 아낙의 웃음 위로
수양버들 하늘거린다
수양버들 꽃가루 봄 여행 떠나는데

타임머신 속에서 백 년을 거스르면
여인네들 얘기 들린다
아이들 달래는 소리
여인네들 수줍은 웃음소리
조선을 건너 임청대 닿는다

옥천, 연자루 숨결이
시간을 당겨 왔을까
옥천 맑은 물
어른거리는 눈망울들

남정네 흉보는 소리
빨래 방망이 소리 커지고
빨래에 씻겨
연기처럼 살아진 사연들
오늘
맑고 환한 웃음 머금고
옥천의 물 따라 걷는다

동천에, 가마우지 몸 담가 헤엄친다

텅 빈 마음
찬바람 일며
갈잎만 사그락거린다

겨울 강은
가마우지의 집이다

제2부

하루가 곱다

아침 햇살 퍼질 때
여인네들 수더분한 수다
골목 모퉁이 가득 차면
하늘은 은구슬이다

먼동이
산마루를 돌아 걸어온다
마당 좁은 길 빗자루질로
아침을 일으킨다

아낙들 햇살 모인 담장 밑에
걸그룹으로 모여 앉아
제각각 음색 뽐내며
오선지 곡선을 그려
도도 쏠쏠 라라 쏠
화음 메아리치는 골목길

비단결 웃음 번지는
산자락 골목 안 아낙들이
여명의 빛으로 마을을 여는
하루, 곱다

이런 노랫가락 하나쯤

하늘 속 슬픔이 번져
세상마저 울적해질 때면
가슴 눈물꾸러미
비가 되어 쏟아진다
슬픈 애간장 뒤섞으면
가슴 짓눌린 세상
등지고 가지

때론 새 한 마리
날개 파닥거리며
좁은 등 흐느낌 감쌀 때
내뿜는 깊은 한숨 조각들
때론, 이런 젠장
세상 길 떠나가는
또 하나의 위로
눈물 꽃이겠지

시내버스 내릴 때 기사는 늙으신 어머니를 생각한다

차 서면
내리시게요
가마니 안자있어 잉
고개 끄덕이다
언덕만큼 높은
계단 숨 가쁘게 내려온다

너도^島 나도^島

너와 나
석양을 머리에 이고
파도 소리 귀 기울이며
저녁 저편 노을빛에
파란 꿈을 그린다

누리에 태어나, 우리는
이름 두 자 받고
너
나
눈시울 적셔 온 나이테
저녁노을 물 다릿돌 놓는다

신호등

바보 같지만
파란불이 켜진다
난 아직 설렘

건널목 앞에 멈춘 채
손잡고 비 구경
또다시 빨간불

머리 위에 떨어지는
노란 은행잎에
갈까 말까 마음만 바쁘다

사람

사람은 울음으로 태어난다

그래서

눈물샘 마르지 않고

울고

웃고

눈을 감은 채

잠든다

사랑하며 살기를

행복했던 지난날
나를 시기하지 않고

슬퍼할지 모를 미래에게
나를 두려워하지 않으며

함께하고 싶은
너의 손잡고
오늘 비 구경

비 님 내게로 와

비가 내린다
아들 출근하자
홀로 남아 설거지통 손 넣는다

문득, 창 두드리는 소리
깜짝 놀라 밖을 내다보니
비님께서 적막강산 안고
마음 한 곳 자리한다

텅 비어 있는 듯
공기마저 숨을 죽인다

아직 닿지 않은 미래 속
눈물 영글어
서야 할 곳
가야 할 곳
유리창에 부서지는 빗방울 세며
빗속 뚫어가는 새가 된다

비 내리는 창가에 앉아

비 오는 날 유리창엔
나무들이 운다
온몸 흥건히 적셔
눈물 감추려고 자꾸만
뿌리 속에 숨긴다

창밖 수채화를 보며
여러 해 안고 사는 우울
그 알싸한 마음
소맷자락으로 눈물 훔친다

빗속에서 가만히 다가오는
창으로 얼굴 들이미는
네가 그리워지는 순간
와락, 눈물을 껴안는다

세월은 오고 가고
상실의 계절마다
흔적의 깊이 아물지 못하고
먼 산 안개 숲 바라보며
빗물 한 바가지 들이킨다

너 얼굴 바라보며

감나무 잎 사이로
뽀얀 달빛
환하게 안겨준
깃털 가벼운 가슴
널 알게 된
유년 시절처럼 오늘도
변함없는 미소로
늘 속삭이는 말

사랑해
때론
등 다독이며
같이 가자
함께 살자

고맙소
고맙구려

흔들리는 손, 애달프다

버스를 향해 손을 높이 든다
오랜 시간
불편한 발, 뿌리 높이 세워
나 태워달라고
애원한다
버스가 서면
또 오랜 시간
오른손, 옆 손잡이를 잡고
왼손으로 옆 손잡이를 잡고
기어오르듯 올라
천 원 한 장 오백 원 동전 한 개
차비 통에 넣을 때, 숨이 가빠온다
누군가 올려준 유모차
가만히 의자 옆 세우고
앉으니
버스는 움직인다
버스를 타겠다는 애달픈 손 흔듦
우리들 눈물 닦아준
우리들 다독여준
어머니 예뻤던 그 손
이제 버스를 향해 떨고 있다

아버지의 초상

주름 한 주먹 얼굴에 바른 한 생
누굴 위해 숨
몰아 쉬어 왔을까

지팡이 짚어도
두 다리 후들거린다
누구를 위해
후들거리기까지 휘돌아 왔을까
할아버지 이름 단지 여러 해

시내버스 계단 문 향해 네 발로 기어오른다
아주머니 앞좌석 비우고
먼 뒷자리로 간다
다른 승객 두 번째 좌석 일어나
앞좌석으로 옮긴다
층이 없는 앉기 편한 좌석의 주인이 되었다

속정 숨어 있는
사람들 가슴 속
드러내지 않는 마음의 눈물
아버지

제3부

봄 찾기

겨울 속
봄이 묻어 있을까
따순 햇볕에 한나절을 넘겨
물길 따라 다가가면
봄이 부르는 소리에
노를 젓는다

푸른 말 속삭이는 풀잎
아지랑이 피어오르는
작은 숨소리
찬바람에 눕는다

겨울새 돌담 밑 햇볕에
날개옷 갈아입고
나래, 풍선처럼 부풀려
허공으로 솟는다

들녘을 향한
농부의 바지게 속에 담긴
남녘 바람이
조급하게 겨울을 걷는다

얼음

겨울 얼음은
목마름을 채워주는
물을 마신다
천천히 달게 씹어 삼키는
겨울 물
마알간 얼굴로 다가오는
봄 처녀 맞이하듯
크리스털에 숨어 사는
수줍은 동네 고샅길
띄엄띄엄 얼음으로 남아 있는
봄 발자국

봄

손 흔들며
늦은 겨울 눈, 눈물
스멀거리는 지평선과 달리기를 한다

버들개지 꽃물 사이로
개울물 흐르듯 물안개
하늘로 얼레 실 풀듯 추는 춤

바닷가 모래 위
가슴 따뜻한 숨결이
연한 속살 닿는다

소녀

봄이다
머플러 살랑거리는 바람
날 유혹하지 마
돌담 골목 돌 때까지
돌 틈 사이 붙박인 눈
봄 처녀의 향을
가슴에 담으며
바람과 함께 걷는다

기다림, 지우개의 눈물

봄이 지나 봄이 오고
꽃 지고 다시 꽃 필 때도
아스라한 지우개가 되는
만남의 굴레

한숨만으로
짓이겨진 삶의 꾸러미를
엿보는 일상의 도시
먼지처럼 쌓여가는 기억의 창

벚꽃으로 봄의 이름을 찾으면
눈처럼 낙화하는
작은 꽃잎들의 눈물
돌아온다는 약속도
돌아갈 것이라는 기약도
오늘은, 아주 먼 지우개

여름 파스텔

여름 바다는
흩어진 무지개 끝을 잡아
노을 꽃으로 핀다

별들 내려와
사진기 속 망울처럼
꽃술로 웃던
여름밤의 거리

초록이 힘겨운 몸부림으로
등불 밝힌 별들
가슴 속에서
고향을 그린다

여름의 음표

유월, 계절을 바꾸려는 듯
여름이 내려오던 날
연초록 곱게 화장한
마당 가 감나무 가지
파랑새 두 마리 앉아
실로폰 반주로 비를 뿌릴 때
컬러풀한 나의 노래
음표 부호들
자꾸만 길을 잃고
롤러코스터 탄다

명맥

휘몰이바람에
빨간 단풍잎
병원 응급실 현관으로
날아와
놀란 토끼눈
꺼무럭 꺼무럭

카오스, 코스모스의 뜰

가을 길에서
어렴풋 스쳐 지난 추억 한 장
하늘에서 파란빛으로 내리쬐면
오래 기다린 편지처럼
코스모스로 답장을 한다

코스모스 합창
빨강 낮은 도
분홍 미
하얀 솔
음률에
억새꽃 춤추며
하늘 구름 향해
유년의 꿈을 싣는다

하늘과 궁창과 새의 날갯짓
시간이 이름을 찾고
별들이 집을 짓는 혼돈 속에서
날개를 지켜온
길, 사람에 대한 예의
가을 카오스, 코스모스 뜨락에 눕는다

아 가을인가 봐

벚나무 낙엽 하나 휭 날리는
동천 길 걷는다
울고 웃으며 떨어진 잎들
풀잎 사이 뒹군다

봄빛 눈 뜨던 풀잎도
하얀 서리꽃이 피고
팔랑거리던 여름 나뭇잎
서서히 옷을 벗어가는 길
가을 이야기로 바구니 채우는
계절의 시 공간을 넘나든다

졸졸거리는 시냇물을 따라
거슬러 올라가는 물고기 떼
그 뒤를 바짝 좇는
길 잃은 철새들의 파닥거림

삶을 좇고 쫓기는 가을 강
거둠으로 땀 흘리는 농부에게
가을바람은 이삭을 날리고
풀잎 속으로 숨은 씨앗들
정녕, 봄을 기다릴진대

가을 사내

한 홉 소리를 안고
아침 창으로 뚜벅 걸어 온
귀뚜라미를 만난 날
찬물 한 사발 가득 마시고
돌담에 귀를 댄다, 마른번개 치고
멍 뚫린 가슴을 후비며
가을 잠입을 시작한다

여름을 떠내려온 상처들이
아직 미루나무 가지 위에 걸쳐있고
깃을 잃은 사람들이
거리에 나뒹구는 9월의 수레바퀴는
여름과 가을 중간쯤에서
나이테를 그리고 있었다

파란 하늘 구름 따라
산 오름으로 주저앉은
따뜻한 바위 밑
다 여물지 못한 몸뚱어리 하나 누우니
활활 타오른 나무의 숨통을 여미며
메뚜기처럼 출구를 향해
가을 숨소리 한 홉 삼킨다

가을 문

가을 행군의 발자국 소리
입추로 닿으려
산 넘어 웅성거린다

배롱나무 위
바빠진 매미 노래처럼
옥상 붉은 고추 따는 손
화살나무 타는 잎

하늘 갈꽃에 앉은
뭉게구름이
파란 오르간 연주처럼 부풀어
가을 별들의 음악공연
불꽃처럼 쏟아져
가슴에 들어온 단풍
숨 멎듯 하늘이
붉다

고향을 뜯고

가을 풀을 뜯는 누렁이
높아간 먼 하늘 그리워
젖어가는 눈망울

풀떨기
세월을 여리게 채색하며
이슬눈물을 머금으며
촛불로 일렁일 때

희미해진 세월을 부르지만
메아리 울림으로 남아

산 내음 따뜻한
고향 집 담장은
호박넝쿨이 하늘로 탄다

사운드에 숨어 사는 사진

풀벌레 가을 노래가
귓가에 뒤척이는 밤
반딧불이 잡으러 뛰어다니던 유년의 뜰
늙어 저 먼 곳 가물거린다

짙푸른 정글 속 같은
우거진 삶
그대 달려와
부드득 소리 나도록
품에 안긴다

눈물 한 줌 흘러내린
시간을 훔칠 수 없어
창문 두드리며 들어 온 풀벌레 코러스
응시한 긴 밤 허공 속
눈물지으며
숨 죽여 흐느낀다

한 해 보내려니 그런 걸까

베니샤프의 커피는
가을을 지키고
흰 눈을 기다리는 우리는
가을 끝자락을 마신다

가을 새의 휘파람이
소슬바람 안고 와
네모진 구석에 낙엽이 누우며
가을 숨을 거둔다

계절의 사각을 피해
우리는 작별을 고하고
그가 저만치 걷고 있다

가을이 숨는다

마당 한켠
은행잎이 눕는다
나도 함께 눕는다
푸르렀던 옛이야기 안고
차가운 길거리 서성이다
바람과 한 몸으로 걸어
따뜻한 햇살 따라
초록 눈물 한 방울
우려내
은행잎 한 모서리에 묻는다

겨울 나목에
새순이 돋을 때 일어난
봄을 걷는다

흐르는 땀도 쉬게 하려나, 가을은

어둠 뒷걸음질 칠 때
가을 풀벌레
세레나데 춤을 춘다
한 움큼 바람이
아침 창을 연다

가을 이야기 안고 와
지난여름 안부 묻는다
마당 한 켠 코스모스가 피고
노래 한 다발 선물 안긴다

등줄기 땀 식고
얼굴 굵은 땀방울이
숨는다

해바라기꽃이
긴 목을 뻗어
오래 석양을 지킨다

늦가을 언저리에

비가 온다
여름의 끝을 알리듯
서글프고 차가운
비가 온다

단풍잎 날리면
눈물비도 함께 온다
겨울 손을 꼭 잡고
소슬바람에 얹혀 산다

내가 서 있다

새벽 문을 연다

스산한 바람
마당에 내려와 있다
나뭇잎 구른다
감나무 잎에게
눈인사 건넸다
어머니 품 떠나는 나뭇잎들
외로운 가슴 다독거리며
겨울 안부를 전한다

앙상한 나뭇가지들 남아
등으로 여명 빛 받아
검은 얼굴, 하늘에 수놓는다

한 해 걸어 살아온
검은 가지 눈물 자국
밤하늘 작은 별로 떴다

어미, 나는 어미다

겨울, 나는 운다

하얀 눈밭 거닐며
하얀 도화지를 들쳐본다
갈잎 밑으로 숨어들어
스며든 햇살 받아
얼어버린 몸뚱이 녹여 보려는
어미 메뚜기
숯댕이처럼 변해 파르륵 떨린
등 날개

세찬 살얼음 바람 녹고
대지, 서릿발 치울 때
휴, 나는 겨울 눈물 씻는다

제4부

설핏, 유년의 기억 저 너머

하늘 총총 빛나는 별들과
가을 풀벌레 노래
눈빛으로 빛나는 별 안주 삼아
머언 유년의 그리움
빈 술잔에 따른다

상고대 춤으로 반딧불이 길을 열면
안개처럼 피어오른 모깃불 사이로
별들이 하늘에서 숨바꼭질 바쁘다
쉼 없이 연둣빛 사랑
밤하늘로 영글어 떠난다

한 땀 한 땀 검은 천 수놓으며
멀리 들리는
나의 퉁소 소리
반딧불이 별빛 따라
가을풀벌레들 합창
언덕을 떠돌다, 둥지로 돌아와
눈물 한 잔에 눕는다

흐르는 시간 위에 누워

유월 고향 길에 피어난
호롱불

소년이 소녀에게
풀꽃을 건넨다
봄 순처럼 피어난
설렘
가슴 꽃이 달아오른다

일흔 해 수레바퀴 돌려와
마음 화병에 담는다
풀피리 떨림은
일흔을 넘어도 깊다

어미

고비사막
아기 낙타의 울음은 슬픈 연가
낙타들이 떠난 텅 빈 사막에
어미는 새끼 곁을 지킨다
일어나다 넘어지는
3일 동안 물과의 전쟁 속 풀어 헤쳐진
아이에게 건네는 가녀린 눈빛

사막을 지키는 파수꾼들이
어린 낙타를 안고
동물병원을 향해 달리며
뿜어내는 먼지는
또 하나의 사막이다

사막의 낙타는 달리지 않는다
열이 오르면 죽음에 이르는 위험
죽음을 알면서도 어미 낙타는
아기를 실은 지프차를 좇아
생명선의 한계를 넘어
지평선 끝을 향해 멈추지 않는다

바다 여행

초록 바다에 눕는다
하늘이 비스듬히 누워
산과 들과 강을 부른다
개망초꽃 하얀 포말이
숲길 깊은 곳에 닿으며 바다는
누워 있는 임의 그림자를 찾는다
맑은 샘물이 도란거리며
시간을 바느질할 때면
망초꽃 그리움은 은하수를 건넌다
작은 꽃 속에서 나오는 바다 내음
실개천 속삭임이 울려난다
가슴, 흰백 사랑이
낮은 바람을 일으킨다

비의 연가

빗줄기 속에 숨어 있는
눈망울이 피아노를 친다
새들의 노래 다가와
한 옥타브 높다란 음으로
귓가에 춤을 춘다

나무수국 한련화
해당화도
한 모금 들이키며
꽃물 환하게 품어낸다

La Joelle cafe

승용차 내려

커피 향 예쁘게 내려앉은 카페
바닷물 빠진 먼 해안선
연록으로 희망이 색칠한
산과 들 응시하며
찐하게 마시고
차 한 잔
다시
어디론가 떠나는 우리

인생
인생 아닐까

와온 어느 카페서
다시 돌아와
삶을 일궈줄 바다
친구 이름 적는다

말벌의 하루가 오고

말벌 한 마리
성악 교실 정탐 왔다
모인 사람들
어린 날 쏘인 기억들
우루루 몰려나와
말벌 사냥을 시작한다

선봉 페르몬 따라
후진 정탐꾼 하나 들어 온다
동료는 없고
페르몬만 떠돈다
친구의 체취만 숨 쉰다

한동안 묵념하고 앉아
눈물로 페로몬 삼킨다

올 한 해
식구들 쉴 집
어느메에 지을까

그릇

그물망 쓰레기통에
뒹구는 커피 종이 잔
단맛에 취한 왕개미

죽음의 깊은 계곡에서
아직 맴돈다

언제쯤
깊은 바다에서
헤어 나올까

라오스 아이들 꿈이 핀다

뛰어다닌다
광장 마당 날개 단 새처럼
우리 집 아이처럼 뛰어논다

달린다
숨 가쁨 잊은 채 골목길
우리 동네 아이들처럼 뛰고 달린다

숨바꼭질한다
지구 한 지붕 아래 사는
우리네 아이들처럼 술래잡기 한나절 훌쩍 간다

힘차게 노래 부른다
우리들 아이처럼
가난한 천사의 합창 하늘로 닿는다

부끄레한 아이들 얼굴
우리 아이와 닮았다
얼굴색 다르지만
아이들이 태어난 나라
푸릇한 대지 위
행복 안고 사는 꿈, 피어난다

어느 날

가끔 예배당 이 층을 올려다본다
그렇게 찾는 사람을
셀 때마다 하나 둘 셈이 줄었다
담임한 교회 학교 어린이들
아빠들 보고 싶어
두리번거리는 습관이 생기고
가슴 조바심도 커졌다

오늘, 기쁨의 환희
먼 발치 그들 만남으로
그들의 눈을 보았으므로
가슴 속 넷
붉게 익는 열매들

주일학교, 새김이여

예순 해 주일마다
아이들의 선생으로 살다
이제, 흰머리 색채가 부끄러워
쉼표를 찍는다

새벽 강을 걸으며
첫 교사의 첫발 설렘
새내기였던 여린 청년이
할아버지 교사로
걸음을 멈춘다

예순 해의 강물은 흘러
멀리, 죽도봉의 소풍 추억
아이들 목덜미에 태우고
세월의 강 가까이 다가온다

반백의 세월 속에서
아이들의 눈망울은 여전히
가슴을 덥히고 있는데

이삿짐을 싸다

살아있을 때 집에서 서성이다
죽었을 때 무덤으로 가야 하는
나의 집도 이사 철이 온다면

따뜻했다
따뜻할까
나의 집, 알 수 없는 내일

가야 할
또 다른
나의 집, 가끔 그려보는 십자가 종소리

나이 셈 울리며
종을 친다
이삿짐을 싸듯

부활절이 올 때마다

그리스도 십자가 피 흘림
만인 위해
이천여 년의
붉은 생명으로 숨 쉬며
헐떡이며
내게로 온다

묻는다
너는
부활이 어디에 있는지

평설

시적 사유의 삶과 유기체적 생명 시학

허 형 만
(시인, 목포대 명예교수)

꽃 피듯 살아온 인생
꽃 지듯 살다 갈 인생

그 속에서 때론
눈망울도 보고
작은 한 알 포도도 따 먹고
겨울 지나, 봄 나비도 만났다

고운 실 한 땀 한 땀 수놓은
천 위의 삶
-「삶의 담백함 이리 고울 줄」 전문

1

조병훈 시인이 『바람 한 점과 숲 땅』(고요아침,

2021), 『쉼표, 삶을 살다』(등대지기, 2023)에 이어 세 번째 신작 시집 『삶의 담백함 이리 고울 줄』을 출간한다. 조병훈 시인이 2년 간격으로 시집을 출간함은 자신의 삶이 오직 시에 몰두하는 삶임을 증명한다. 물론 조병훈 시인은 서양화가이기도 하다. 그러기에 시와 그림을 병행하는 삶이기도 하겠다. 또한 교회 은퇴 장로로서 독실한 믿음의 신앙인이기도 하다. 그러니 조병훈 시인은 시와 그림과 믿음이 하나 되는 삶을 살면서 이 셋 중 어느 것이 먼저고 어느 것이 나중이냐는 것을 따지지 않는 삶을 산다.

조병훈 시인은 그러면 시에 대해 어떤 생각을 하고 있을까? 그 해답을 세 권의 시집에서 말하고 있는 〈시인의 말〉에서 확인할 수 있을 것이다. 첫 시집에서는 "시는 불타지 않는다. 시는 물에 젖지도 않는다. 시는 바람에 풍화되지도 않는다."라고 밝히고 "스민 마음속 울림으로 남아 본다."라고 마무리한다. 두 번째 시집에서는 "시가 꿈틀거리며 걷는다. 음악으로 흐르는 시 속에 흥겨운 노래 내 손을 잡고 춤사위로 하늘거린다. 슬픈 눈, 시 속에 바닷바람 울어 흐느끼는 가슴"을 인지하며 시가 "내 삶 깊은 곳 항해사로 뱃머리 맘껏" 흔든다고 말한다. 마지막으로 이번 시집에서는 시가 색채를 꾸린다는 감각적 이미지를 강조한다.

조병훈 시인의 시에 대해 박남희 문학평론가는 "가족 서사를 중심으로 한 서사성과 자연묘사를 중

심으로 한 이미지가 적절한 균형을 이루고 있는 시"라고 평가하고, 이어 "조병훈 시인의 시가 자리하고 있는 주소는 '숲 땅' 즉 자연공간으로서의 대지라고 말할 수 있다. 그의 시가 자연 생태에 뿌리를 둔 유기체적 생명 시를 지향하고 있는 것도 이와 무관하지 않다."라고 말했다. 이러한 평가는 조병훈 시인의 시가 영속적인 생명성을 지닌 존재로서 인간의 마음에 스며서 오랜 울림으로 남음을 인정한 것이다.

그만큼 조병훈 시인의 삶은 시적 사유의 삶이다.

조병훈 시인의 삶에 대해 진지하게 명상하는 깊은 시적 사유의 삶은 이미 두 번째 시집에서도 잘 드러나 있다. 나아가 우주 삼라만상에 대한 생명 의식을 보여주고 있다. 이는 우주의 합일적인 생명성이 더 깊어졌음을 증명하고 있다. 박남희 문학평론가의 평가처럼 격물치지의 자연관이 유기체적 생명시학에 닿아 있음을 보여준 셈이다.

2
조병훈 시인의 삶은 이 시집의 표제 시에서처럼 "꽃 피듯 살아온 인생/ 꽃 지듯 살다 갈 인생// 그 속에서 때론/ 눈망울도 보고/ 작은 한 알 포도도 따먹고/ 겨울 지나, 봄 나비도" 만난, 한마디로 '담백함'이다. 시인의 나이 칠십 후반에 돌이켜 보니 이 모든 삶이 담백했고, 그 담백함은 곱기만 하다.

    풀벌레 노래 들으며
    잠을 청한다
    수많은 나날들
    풀벌레 외침만큼
    숨을 쉬며 살아왔다
    숨 쉬는 틈바구니마다
    생이 꿈틀거리며 춤을 춘다

    바람을 일으키며 웃고
    흐르는 삶의 골짜기에
    맑은 물 흐르고
    때론 흙탕물로 덮고
    다정스러운 눈물도
    냇물로 흘러와
    풀벌레의 노랫가락이 되고
    뜨거운 눈물이 된다

    검은빛 하늘 새벽 노래
    내게 안기기까지
    풀벌레들 풀피리 합창
    내 마음을 실어
    삶의 수레바퀴 돌리는
    풀벌레의 응원

-「풀벌레」 전문

　풀벌레는 대부분 풀이나 잡초가 무성한 숲이나 들판, 또는 땅 위, 나뭇가지, 풀잎 등 다양한 곳에서 생활한다. 풀벌레는 주로 밤에 소리를 많이 내는데, 시인은 지금 "풀벌레 노래 들으며/ 잠을 청한다". 잠을 청하면서 자신이 살아왔던 삶의 "수많은 나날들"을 묵상해보니 "풀벌레 외침만큼 숨을 쉬며 살아왔다"는 생각에 젖는다. 풀벌레 외침과 시인의 숨 쉼이 하나임을 인식하는 순간이다. 두 번째 시집에서 보여준 우주 삼라만상에 대한 생명성이 여기서도 그대로 이어지고 있음을 본다. 이처럼 풀벌레 노랫소리는 시인이 지금까지 살아왔던 삶을 성찰하는 데까지 이끈다. 조용히 삶을 돌아보니 "바람을 일으키며 웃고 흐르는" 삶이었다. 삶의 골짜기가 갖는 상징성 속에는 그동안 "맑은 물 흐르고/ 때론 흙탕물로 덮고/ 다정스러운 눈물도/ 냇물로" 흘러들었다. 한 생의 계곡을 흐르는 물소리는 곧 "풀벌레 노랫가락"이 되었다. 동시에 시인의 "뜨거운 눈물"이 되었다. 그러니 시인에게 풀벌레의 노랫가락은 시인의 숨결에 다름아니다.

　스물둘 화음이 일제히 밖으로 쏠려
　가로로 긴 창밖 멀리
　오래된 순천부읍성 푸조나무

푸른 나뭇잎 춤추게 한다

소프라노 음의 이탈, 그때였다
싱그러운 연초록 얼굴
새의 날개 타고
내게로 달려온다
봄, 여름, 가을, 겨울
가슴 저미며 오가던 사람들과 나눈
계절의 뒤안길을 안고 온다

나 이렇게 사계, 오백 년 살아왔음에
올봄도 그대 하늘 향해
두 팔 벌리는가
합창의 노래
등 토닥거리기를 여러 번

지문 속 나무의 숨결에
우리들 숨어들고 있었다
「푸조나무」 전문

이 시의 시적 대상인 푸조나무는 조병훈 시인이 거주하고 있는 순천시 행동의 푸조나무로 수령이 약 500년으로 추산되는 노거수이다. 현재 이 푸조나무는 옛 순천부 관아와 읍성 터 바로 위에 위치하고 있으며, 조선시대부터 자라는 것으로 알려져 있다. 옛 순천부 읍성이 교통 편의를 위해 1016년에 해체되었을 때에도 이 푸조나무는 그 자리를 꿋꿋이 지켜오고 있으며 매년 9월경 푸조나무를 위한 제사가 열리고, '순천문화재달빛야행' 축제의 주요 야간 문화유산 코스로 포함되어 있다.

원래 이 푸조나무가 있는 장소는 읍성의 동헌 터로, 장터이지 주민들의 만남의 장소였기에 "봄, 여름, 가을, 겨울/ 가슴 저미며 오가던 사람들과 나눈/ 계절의 뒤안길"을 증언하고 있는 나무이기도 하다. 시인은 말한다. "지문 속 나무의 숨결에/ 우리들/ 숨어들고 있었다"라고. 일상적으로 만나는 푸조나무임에도 시인은 이 나무의 숨결을 듣는 힘을 잃지 않고 나무의 생명을 찬양한다. 인도의 철학자이자 작가인 타고르의 "내 눈은 많은 것을 보았지만 피곤하지 않다. 내 귀는 많은 것을 들었지만 더 많이 듣고 싶다"라고 한 말을 떠올리게 한다.

3

조병훈 시인의 시에는 삶에 관한 사유의 시가 많다. 그만큼 삶 속에서 자신의 내면을 성찰하고 있다는 말이 될 터이다. 삶이란 무엇인가. 오쇼 라즈니쉬는 말한다. "삶은 모험 속에 있고, 끝없는 탐색 속에 있다. 삶은 믿음이 아니라 진리를 향한 심오한 탐험이다. 게다가 삶은 어떠한 범위나 한계도 없다. 삶은 끊임없이 초월해가며, 모든 경계와 한계를 무너뜨린다. 그리고 나면 그곳에 황홀경이 존재한다"라고. 오쇼 라즈니쉬의 말처럼 삶은 어쩌면 끊임없는 진리의 탐구일지 모른다. 베를렌느의 감수성이 날카로움과 부드러움 사이의 공존 이상의 것을 원하듯 조병훈은 존재와 부재, 말과 침묵, 현세와 내세 사이에서 희망적인 삶의 가치를 원한다. 그것은 자신의 내면을 살펴보고자 하는 의지와 삶에 대한 긍정적인 인식에서 출발한다.

손바닥 편다

주름살도 없고
또렷한 금만 웃고
말이 없구나
머리와 가슴을 이어
하라는 것 묵묵히 하네 그려

뜨거운 냄비 손잡이 어떻게든 잡아내고
얼음도 나를 위해 서슴지 않고
배고파하는 내 배 채우고
모든 슬픔 기쁨 가려움
비 오면 오는 대로 눈 오면 오는 대로
농사 일할 때 하는 대로
볼 수 있는 눈 없어도

날 따라 이유 없이 살아준
수를 헤아릴 수 없는
수많은 날들
손바닥 안에 숨어 있는 나
─「손바닥에서 물구나무서기」 전문

물구나무서기는 손으로 땅바닥을 짚고 발이 하늘로 향하도록 몸을 거꾸로 하여 서는 동작을 일컫는다. 그렇다면 이 시의 제목이 왜 '손바닥으로 물구나무서기'가 아니고 '손바닥에서 물구나무서기'인가. 문법상 성립이 안 되는 이 행동의 묘사는 어느 날 손바닥을 펼쳐 본 시인이 자신의 삶을 되돌아보니 자신이 "날 따라 이유 없이 살아준/ 수를 헤아릴 수 없는/ 수많은 날들/ 손바닥 안에 숨어" 있음을 발견한 것임을 보여주고 있는 셈이다. "주름살도 없고/ 또렷한 금만 웃고 말이 없"는 손바닥. 손에는 물론 볼 수 있는 눈이 없다. 그럼에도 "모든 기쁨 슬픔 가려움/ 비 오면 오는 대로 눈 오면 오는 대로/ 농사 일 할 때 하는 대로/ 볼 수 있는 눈 없어도" 평생을 스스로 알아서 잘도 자기의 소임을 다해준 손을 통해 자신의 삶이 과연 어떠했는지를 들여다본다. 즉 "손바닥 안에 숨어 있는 나"라는 존재에 대한 성찰의 매개가 손인 셈이다. 빈센트 반 고흐가 "영혼의 불을 꺼뜨려서는 안 된다"고 했을 때 그 영혼을 조병훈 시인은 보고자 한 것이다. 그러기에 "행복했던 지난

날/ 나를 시기하지 않고/ 슬퍼할지 모를 미래에게 / 나를 두려워하지 않으며/ 함께하고 싶은/ 너의 손 잡고/ 오늘 비 구경"(「사랑하며 살기를」)을 하는 것이다.

    텅 빈, 공기만 맴도는
    작업실 홀로 앉아
    천장 형광빛만
    서로 의지하며
    어두움 몰아낸다

    작업실 허공
    유유히 떠도는
    구름 잡아 앉히며
    선 그으면
    색깔들 춤춘다

    마주 보며 웃는다
    때론
    흐르는 눈물
    고독한 삶이 뮤지컬로 되살아난다

    허공, 하얀 캔버스에
    나를 그리고
    너를 색으로 우려낼 때

나를 찾아가는 길
그림 속 이야기를 쓴다
-「되돌아보는 뒤안길, 캔버스에 나를 적는다」 전문

　조병훈 시인은 대한민국 남농미술대전 초대작가, 무등미술대전 추천작가, 전라남도 미술대회 초대작가인 화가이기도 하다. 이 시의 배경은 시도 쓰고 그림도 그리는 "텅 빈, 공기만 맴도는/ 작업실"이다. <시인의 말>에서 밝힌 '시가 색채를 꾸리는' 곳이다. 이 작업실에서 시인은 "홀로 앉아" 작업 중인데 오로지 천장의 형광 불빛만 "서로 의지하며 어둠을" 몰아내고 있는 적요와 고독감만이 공간을 맴돈다. 이 적요와 고독감이 오히려 작업하는 힘의 원천이 된다. 즉, "색깔들 춤추는" 창조의 공간이 된다. 이 공간에서 "나를 그리고/ 너를 색으로 우려내"며 한 폭의 그림을 통해 "나를 찾아가는 길"을 모색한다. 여기에서 우리가 눈여겨볼 이미지는 "색으로 우려내"는 대상인 "너"에 대한 그리움이다. 고독한 작업실에서 색으로 우려내는 너에 대한 그리움과 절실함의 원천은 첫 시집 『바람 한 점과 숲 땅』에서 보여준 「별들이 질 때」「달빛에 젖은 아내」「우울」등에서 보여준 '너'와, 그리고 두 번째 시집 『쉼표, 삶을 살다』의 「성혼 33년, 그날의 일기장」「비가 오면」「황혼으로 웃음이 물들 때」 등의 시에서 보여준 '너'는 모두 위에서 말한 '너'와 동일 인물, 다시 말해 지금은 세상에 존재하지 않는 '아내'이다. 따라서 "텅 빈, 공기만 맴도는/ 작업실 홀로 앉아" 그림을 그리고 있는 시인은 "나를 찾아가는 길"의 방편으로 그토록 그리운 아내에 대한 사랑의 마음을 "색으로 우려내"고 있는 것이다.